AF335820

A PROPOS

DE LA

# CONFÉRENCE DE BRUXELLES

# A PROPOS

## DE LA

# CONFÉRENCE DE BRUXELLES

### PAR

## VALÉRIEN DE PANAIEFF

BRUXELLES et LEIPZIG

LIBRAIRIE EUROPÉENNE C. MUQUARDT

LIBRAIRE DE LA COUR

AUG. GHIO, ÉDITEUR, PALAIS-ROYAL, PARIS

1875

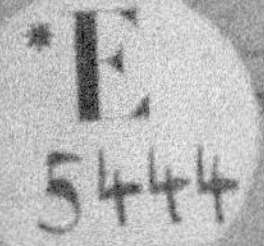

Bruxelles. — Imp. de Ch. Vanderauwera, rue de la Sablonnière, 9

# A PROPOS

## DE LA

# CONFÉRENCE DE BRUXELLES

PAR

## VALÉRIEN DE PANAIEFF

BRUXELLES et LEIPZIG

LIBRAIRIE EUROPÉENNE C. MUQUARDT

LIBRAIRE DE LA COUR

Aug. GHIO, Éditeur, Palais-Royal, Paris.

1875

# PRÉFACE

A la fin de janvier de cette année-ci, il a paru, dans les journaux de Saint-Pétersbourg, le « *Projet d'une dé-* » *claration internationale concernant les lois et coutumes* » *de la guerre* », élaboré par la conférence de Bruxelles. Ayant trouvé que quelques articles de ce projet pour- raient retirer à la Russie son arme de défense la plus redoutable qui lui est traditionnelle et qui l'a sauvée déjà plusieurs fois, c'est-à-dire, la guerre populaire — nous avons cru utile de faire un article et de fixer l'attention des lecteurs sur certaines questions qui n'ont pas été suffisamment éclairées par la presse.

Ledit article, écrit dans une seule journée, se mit en route et fit le tour de différentes rédactions des jour- naux de Saint-Pétersbourg, mais revint, sans avoir été publié, à son point de départ, après un voyage qui dura à peu près autant que le voyage autour du monde du héros de Jules Verne. — Nous nous dispensons de rechercher les causes de cette infortune.

Ne pouvant cependant satisfaire ainsi notre conscience, nous avons fait traduire notre article en anglais et nous l'avons envoyé au « *Times* », — même résultat, l'article n'est pas publié.

Pendant ce laps de temps, il parut, dans le *Journal de Saint-Pétersbourg*, un article à propos d'une brochure du général T..., publiée à Bruxelles et portant le titre : « *L'Angleterre et les petits États à la Conférence de Bruxelles* », dont les principes nous ont paru tellement étranges, que nous n'avons pas cru possible de les laisser sans réponse. Ceci nous a poussé à écrire un second article, que nous avons envoyé à la rédaction de l'*Indépendance belge*, en y joignant le premier, traduit en français. L'*Indépendance belge* a trouvé cette publication inopportune.

Croyant, à notre point de vue, que quand il s'agit d'une question importante, non encore tranchée, il est parfaitement indifférent de la traiter au mois de mars, d'avril ou mai, — nous publions maintenant nos articles dans cette brochure.

La question nous paraît bien grave, surtout quant à la Russie.

Quoique ce soit elle qui ait pris l'initiative de cette œuvre humanitaire, on ne peut cependant pas ne pas reconnaître dans les détails du projet la préoccupation de l'Allemagne pour paralyser à l'avenir la possibilité d'une guerre populaire, la seule qui doive lui paraître invincible et comme un grand obstacle en cas de conflit avec la Russie, conflit qui, malgré les meilleures intentions qui règnent entre les deux empires, peut cependant surgir un jour ou l'autre.

Si l'Allemagne a vraiment la prétention, comme le croit la voix générale : de donner le mot d'ordre à toute l'Europe; si réellement la Russie est, comme tout le monde le reconnaît à présent, le seul pays qui présente à l'Allemagne un obstacle sérieux, — où gît donc cet obstacle?

Sans la moindre hésitation, nous dirons que cet obstacle se trouve dans l'impossibilité, en vue d'une guerre populaire, de se risquer à envahir la Russie et, par conséquent, dans l'impossibilité de lui porter un coup réel qui la forcerait alors à accepter le joug de l'Allemagne.

Ce point de vue explique suffisamment l'insistance de notre part à publier nos articles, malgré toutes les vicissitudes et les mauvaises chances par lesquelles ils ont dû passer.

VALÉRIEN DE PANAIEFF.

Saint-Pétersbourg, 18 mai 1875.

# A PROPOS



# CONFÉRENCE DE BRUXELLES

## I

Le gouvernement russe — comme il convient à un gouvernement puissant et portant le drapeau du progrès, gouvernement d'initiative qui réalise de grandes réformes sans y être poussé par des forces extérieures, mais par le seul désir du bien général — en vue de certains abus qui se passent pendant les guerres, et qui ont particulièrement été observés dans la dernière guerre franco-prussienne — n'est pas resté spectateur indifférent à ce mal, et a soulevé la question de révision des droits internationaux pendant la guerre, uniquement au nom de la justice et de l'humanité.

Tout le monde sait avec quel assentiment a été accueillie l'initiative de la Russie, non-seulement par l'opinion publique, mais aussi par la plus grande partie des gouvernements européens.

Dernièrement nous avons lu dans nos journaux : *Le projet d'une déclaration internationale concernant les lois et coutumes de la guerre*, élaboré par la conférence de Bruxelles, et nous considérons comme un devoir d'exprimer l'impression produite sur nous par cette lecture.

Il nous a semblé qu'il s'était glissé dans le projet quelques articles, quelques rédactions peu heureuses, qui défigurent le sens vrai et humanitaire de l'initiative du gouvernement russe.

Il n'y a pas de doute que l'initiative du gouvernement russe a eu, entre différentes vues, celle de garantir les populations contre les violences, les dévastations et les outrages qui pourraient avoir lieu de la part de l'ennemi envahisseur. Aussi l'opinion publique ne considérait l'initiative du gouvernement russe pas autrement que dirigée dans le sens de limiter les abus provenant d'une armée envahissante, et non pour limiter les droits naturels d'une population qui se défend et de la mettre, sous ce rapport, sous bride, comme cela a été proposé au projet de Bruxelles. Est-il possible de croire que le gouvernement russe ait eu en vue de faciliter, par une loi internationale, les opérations des guerres offensives? Cependant quelques rédactions peu heureuses du projet, anéantissent l'idée même de la défense populaire, et légalisant ainsi un pareil point de vue, engendrent inévitablement des guerres, qui ne pourraient se produire sans les lois que propose le projet de Bruxelles.

Par exemple : Se trouvera-t-il maintenant un capitaine, qui sachant les résultats de la tentative de Napoléon I*, se risquerait de pénétrer dans l'intérieur de la Russie? Ce ne serait ni les nouveaux canons, ni les nouveaux fusils qui pourraient arrêter l'invasion; l'ennemi aurait les mêmes, peut-être de meilleurs. Il ne songerait à envahir la Russie, non en vue des nouvelles armes, mais en vue d'une guerre populaire, qui paralyserait toutes ses opérations en arrière et rendrait impossible sa marche en avant.

Le projet de Bruxelles place le principe de guerre populaire hors la loi, et de cette façon le considère comme un crime, non-seulement envers l'ennemi, mais aussi envers son propre pays.

Admettons, par exemple, que quelques personnes, au risque d'être pendues ou de subir un autre genre de mort cruelle, auraient pris l'initiative de détruire les chemins de fer derrière l'ennemi, afin de paralyser la fourniture des vivres, des armes, des troupes, etc. Nous demandons, dans ce cas, comment l'ennemi devrait considérer les autorités locales, qui, tout en s'obligeant à le servir, favoriseraient néanmoins lesdites personnes ou y resteraient indifférentes? L'ennemi ne devrait-il pas alors punir sévèrement les autorités ou exiger d'elles qu'elles poursuivent absolument lesdites personnes? Ces autorités ne seraient-elles placées dans la nécessité de poursuivre, d'arrêter et de livrer à l'ennemi des patriotes courageux, pour qu'il leur fît subir une mort cruelle?

Ainsi, le projet de Bruxelles, s'il était légalisé, amène logiquement et amènerait inévitablement un pays, occupé par l'ennemi, à se porter des coups à lui-même et à agir au profit de l'envahisseur, afin de lui procurer la possibilité de manœuvrer aussi facilement pendant la guerre dans un pays étranger qu'en temps de paix dans son propre pays. Est-ce l'idée qui se trouvait au fond de la grande et humanitaire initiative du gouvernement russe? Cette initiative tendait à modérer le mal, tandis que quelques articles du projet de Bruxelles, mal rédigés, assureraient les derrières de l'ennemi, l'allégeraient d'une manière incroyable et, par cette raison, engendreraient les guerres offensives, et au lieu de diminuer le mal, but principal du gouvernement russe, sèmeraient, au contraire, un mal matériel et moral.

Indiquons maintenant ces articles du projet :

« 1. Un territoire est considéré comme occupé lors» qu'il se trouve placé de fait sous l'autorité de l'armée » ennemie. »

Nous demandons : Quelle serait la preuve que le territoire soit réellement soumis à l'autorité militaire? — Et qui sera arbitre dans cette question?

Il nous paraît qu'avant tout, il aurait fallu positivement et ouvertement déterminer dans le projet : —

Reconnaît-il le principe de la guerre populaire comme un principe légal ou illégal ?

Si le projet le reconnaît illégal (ce qui, sans dire mot, découle cependant de soi-même du projet), alors cette accusation contre un des principes les plus justes et les plus légaux qui existent au monde, c'est-à-dire la négation du droit de la défense de son foyer, de ses champs et de ses enfants, amèneront, comme nous l'avons dit plus haut, de grandes calamités matérielles et morales.

Si, au contraire, le projet reconnaît le principe de la guerre populaire comme légal, alors l'article cité ci-dessus ne peut avoir place dans le projet.

« 2. L'autorité du pouvoir légal étant suspendue et » ayant passé de fait entre les mains de l'occupant, » celui-ci prendra toutes les mesures qui dépendent de » lui en vue de rétablir et d'assurer, autant que pos- » sible, l'ordre et la vie publique. »

Que faut-il considérer comme violation de l'ordre et de la vie publique que l'armée ennemie est obligée de rétablir ?

Le pays a résisté à l'envahissement de l'ennemi, mais l'armée ennemie a pris le dessus de manière que l'armée du pays défendant était obligée d'abandonner le territoire, et l'ennemi l'occupe.

Par quoi le pays peut-il être agité en ce moment et comment peuvent s'exprimer le désordre et la violation

de la vie publique? N'est-ce pas avec l'intention de porter préjudice à l'ennemi? Par conséquent, le projet
reconnaît encore une fois indirectement le principe de
la guerre populaire comme illégal, parce qu'il considère
comme violation de l'ordre ce qui ne constitue que la
suite naturelle de la défense et introduit ainsi dans l'esprit des populations une nouvelle idée — d'envisager la
lutte pour la défense de son pays comme un acte criminel, ce qui nécessairement produirait une démoralisation dans les consciences.

« 4. Les fonctionnaires et les employés de tout ordre
» qui consentiraient, sur son invitation, à continuer
» leurs fonctions, jouiront de sa protection. Ils ne
» seront révoqués ou punis disciplinairement que s'ils
» manquent aux obligations acceptées par eux et livrés
» à la justice que s'ils les trahissent. »

Ici, ce n'est plus indirectement, mais très-ouverte-
ment, le projet livre à l'ennemi envahisseur une force
tellement considérable que, bien souvent, elle serait
plus importante qu'un millier de canons et plusieurs
centaines de mille de troupes.

Le fait est que le projet ouvre largement la porte
aux consciences de tous les représentants de l'autorité
locale. Il est avéré que ces personnes, dans la plupart
des cas, préféreraient ne pas être privées de leurs
appointements, au lieu de se trouver dans la misère et
constamment en danger d'être arrêtées, privées de

liberté ou exécutées sous le soupçon de mauvaises intentions et d'actes dirigés contre l'ennemi.

Actuellement il est naturel que bien des personnes n'acceptent pas de service au profit de l'ennemi ; mais si le projet de Bruxelles était approuvé, chaque employé, qui ne garderait pas ses fonctions, serait suspect aux yeux de l'ennemi, puisque le gouvernement de son pays ne considérerait pas comme un crime ou une iniquité le service au profit de l'ennemi.

Quelle serait actuellement la position d'un homme qui, après la guerre, se présenterait au gouvernement de son pays comme ayant servi au profit de l'ennemi ? Si même sa conscience se réconciliait avec le principe de servir l'ennemi de sa patrie, si même il y était forcé par des circonstances exceptionnelles et n'a pas eu assez de courage pour résister à cette malheureuse nécessité, il serait forcé, dans les conditions présentes, d'éviter, par tous les moyens possibles, de servir l'ennemi par une raison matérielle, c'est-à-dire de peur de perdre sa position envers son gouvernement légal. Mais lorsque le projet de Bruxelles aura force de loi, ces considérations disparaîtront et paraîtra, en outre, comme nous l'avons déjà dit, une autre considération agissant dans un sens contraire, — ce sera la peur du gouvernement ennemi.

Ainsi, il n'est pas nécessaire d'être prophète pour prévoir qu'au cas où le projet de Bruxelles serait légalisé, la plupart des autorités locales accepteraient le service pour l'ennemi. Les faits contraires seront des

exceptions, tandis que, maintenant, l'exception serait
pour celui qui se déshonorerait en servant au profit de
l'ennemi.

Actuellement, les difficultés que rencontre l'ennemi
envahisseur, qui se trouve obligé de gouverner le pays
sans des autorités locales, mais avec ses employés ne
connaissant ni la langue, ni le pays et qu'il faut avoir
en grand nombre, sont colossales. Tandis qu'avec le
projet de Bruxelles toutes ces difficultés disparaissent,
l'ennemi est certain que les autorités locales sont à son
service pour administrer le pays, pour prélever les
impôts, pour retenir les populations dans leurs tentatives de lutte populaire, pour poursuivre ces tentatives,
pour garantir et faciliter l'approvisionnement de tous les
besoins nécessaires pendant la guerre, en un mot, pour
tout ce qui doit servir à la réussite de ces opérations
contre le pays occupé.

« 5. L'armée d'occupation ne prélèvera que les impôts,
» redevances, droits et péages déjà établis au profit de
» l'État ou leur équivalent, s'il est impossible de les en-
» caisser et autant que possible dans la forme et suivant
» les usages existants. Elle les emploiera à pourvoir aux
» frais de l'administration du pays dans la mesure où le
» gouvernement légal y était obligé. »

Quelles pourraient être les causes qui empêcheraient
l'ennemi d'encaisser les impôts et les droits? Ce serait,
dans le cas où la population refuserait d'exécuter les

ordres de l'ennemi, c'est-à-dire qu'elle ne reconnaîtrait pas l'autorité de l'armée d'occupation; mais alors le territoire ne peut pas être considéré comme un territoire occupé et l'ennemi ne peut avoir le droit d'encaisser les impôts; — ou dans le cas que la guerre a arrêté dans le pays la production, l'industrie et le commerce, c'est-à-dire toutes ces branches de l'activité humaine, qui servent de sources aux recettes. Comment donc expliquer que, pour ce bonheur apporté au pays par l'ennemi, le projet de Bruxelles élève le prélèvement forcé de la contribution à la hauteur d'un acte légal? Remarquons encore qu'en cas de victoire sur l'ennemi envahisseur et d'une paix à conclure au profit du pays qui se défendait, ce pays n'aura plus le droit d'exiger en retour une somme équivalente, car la légalité de la contribution serait reconnue par la loi internationale.

« 37. La population d'un territoire occupé ne peut être » contrainte de prêter serment à la puissance ennemie. »

Il s'agit de savoir : cette interdiction concerne-t-elle les fonctionnaires et les employés qui s'engageraient au service de l'ennemi et ne seraient-ils pas obligés de prêter serment à l'autorité occupante?

« 40. La propriété privée devant être respectée, l'en- » nemi ne demandera aux communes ou aux habitants » que des prestations et des services en rapport avec les » nécessités de guerre généralement reconnues, en pro- » portion avec les ressources du pays et qui n'impliquent

» pas pour les populations l'obligation de prendre part
» aux opérations de guerre contre leur patrie. »

Que signifie ici le mot : « *services?* » Pour s'éclairer,
il faut s'adresser à la rédaction qui termine l'article pré-
cédent, où on peut voir que ces services sont considérés
comme ne devant forcer la population à prendre part
aux exercices militaires, par conséquent, sous le mot :
« *services,* » on entend la prestation en nature. Ainsi le
projet de Bruxelles légalise le droit d'employer la population à la construction des routes, des ponts, au trans-
port et autres travaux au profit de l'ennemi. Certainement tout cela peut se faire, sans que le projet de
Bruxelles soit légalisé, mais de pareils actes ont été
toujours considérés comme abus de forces et non
comme un droit légal de l'ennemi, et comme une obligation de la part de la population. — Entre le droit de
la force et un droit reconnu par une loi — se trouve
un abîme moral bien profond.

Que signifient aussi, dans l'article cité ci-dessus, les
mots « *en rapport avec les nécessités de guerre généralement reconnues.* » Qui sera l'arbitre pour préciser ces
nécessités? En outre, n'est-ce pas une contradiction de
l'art. 5 où il est question de placer la contribution
dans les limites des impôts ordinaires?

« 41. L'ennemi prélevant des contributions soit comme
» équivalent pour des impôts (V. art. 5) on pour les pres-
» tations qui devraient être faites en nature, soit à titre

» d'amende, n'y procédera, autant que possible, que
» d'après les règles de la répartition et de l'assiette des
» impôts en vigueur dans le territoire occupé.

» Les autorités civiles du gouvernement légal y prê-
» teront leur assistance, si elles sont restées en fonc-
» tions. »

Cet article du projet reconnaît positivement le droit
de l'ennemi à la corvée et aux amendes. Ainsi cet
article anéantit complétement les limites qu'on avait
l'intention d'arrêter par l'art. 5.

Enfin, d'après l'article 44, cité ci-dessus, non-seulement on donne la liberté aux autorités civiles d'entrer
au service de l'ennemi, comme le dit l'article 4, mais
on les oblige de prêter assistance à l'ennemi, de sorte
que celui-ci est investi du droit légal de poursuivre
celles des autorités locales qui se détourneraient de
remplir leurs devoirs au profit de l'ennemi.

Ainsi, il nous paraît que la conférence de Bruxelles a
déraillé, et, au lieu de répondre au grand problème humanitaire, s'est dirigée, par hasard, dans une direction
qui favorise d'une manière extraordinaire les guerres
offensives et par cette raison a résolu le problème,
d'abord dans un sens anti-humanitaire, puis dans un
autre, qui fausse la conception vraie que les populations
se sont formée depuis des siècles relativement au dé-
vouement et à l'amour dus à sa patrie et à son gouvernement légal.

Il est à remarquer que les suites fâcheuses découlant du projet de Bruxelles, se refléteront, en cas de guerre, beaucoup plus sensiblement sur la Russie que sur aucun autre pays de l'Europe.

Il n'y a pas beaucoup de pays en Europe dans lesquels l'invasion soulèverait une guerre populaire. La Russie, elle, se délivra des Tartares, des Polonais et de l'invasion de l'Europe par des guerres populaires. Là gît notre force, notre puissance et notre avantage. Répétons encore, qu'après l'exemple de la tentative de Napoléon Iᵉʳ, nous sommes positivement garantis d'une invasion dans l'intérieur de la Russie. Tous les autres États de l'Europe, et surtout nos voisins, le savent fort bien. Pourquoi donc leur ouvrir largement la porte ? Ne vaudrait-il pas mieux rester dans des conditions qui ne présentent aucune chance de succès pour une guerre d'invasion envers nous, c'est-à-dire ne vaudrait-il pas mieux se trouver dans une situation qui exclue l'idée même d'une pareille guerre ?

La conférence de Bruxelles s'est fait cette illusion qui poétise l'art de la guerre et rêve qu'elle ne soit qu'un tournoi entre les armées, les canons, les fusils, les généraux, les états-majors et les intendances et que le peuple n'y soit pour rien. Un tel point de vue est certainement très-faux. Une guerre sera toujours une guerre et une calamité pour le peuple. La civilisation, dans le domaine de la guerre, n'a pas modéré, mais, au contraire, a augmenté toutes les calamités : elle a déco-

plé le nombre des victimes, de sorte qu'il n'y a plus
possibilité de leur porter secours à temps ; elle a aussi
décuplé et les dépenses qui tombent sur le peuple et
les réquisitions que doivent subir les populations enva-
hies. Le peuple peut-il et doit-il rester comme spectateur
indifférent à la lutte et aux calamités dont il souffre ?

Nous avons cru de notre devoir sacré d'exprimer l'impression produite sur nous par le projet de Bruxelles.

Nous pensons que l'éclaircissement des questions que
nous avons indiquées est désirable pour chaque citoyen
de la patrie.

Il est indispensable de savoir à chaque citoyen qui
ne pourrait pas porter les armes pendant la guerre —
peut-il, dans tous les cas, conserver le titre du citoyen
de son pays, ou, contrairement à sa conscience et à ses
croyances, il pourrait être placé par la loi dans la nécessité inévitable de servir l'ennemi de sa patrie ?

Valérien de Panaïeff.

Saint-Pétersbourg, 1ᵉʳ février 1875.

II

Le *Journal de Saint-Pétersbourg*, dans son numéro 84,
reproduit un article publié dans la *Belgique militaire*
sous ce titre : « *La Conférence de Bruxelles et les petits
États.* »

Cet article a paru à propos d'un livre intitulé :
« *L'Angleterre et les petits États à la Conférence de
Bruxelles*, par le général T.... » En rendant hommage
au talent, à la conviction et à la compétence de l'auteur, ainsi qu'à la lumière apportée par lui sur la question, la *Belgique militaire* cite quelques passages dudit
livre.

En présence de la thèse et des principes qu'on trouve
dans ces passages, nous croyons qu'il ne serait pas

tout à fait inutile de ne pas les laisser passer sans une réponse.

Quels sont cette thèse et ces principes?

D'abord, l'auteur flétrit d'une accusation sévère « *la population mercantile* » de l'Angleterre, ainsi que les populations des petits États, de ne pas vouloir faire, en temps de paix, les sacrifices personnels et financiers auxquels se sont résignés les grands États de l'Europe.

Puis, en faisant une réprimande à tous ces États pour leur faiblesse militaire, il place un tableau comparatif de l'effectif et des forces organisées de tous les États de l'Europe, et reproche vivement à l'Angleterre de ne pas vouloir imposer à ses habitants l'accroissement de forces d'un chiffre variant de 900,000 à 1,700,000 hommes.

Décidément, l'Angleterre doit être un pays rétrograde, puisqu'elle ne veut pas faire subir *le petit sacrifice* au trésor et *la petite charge* à ses habitants, qui sont indiqués par l'honorable général T....., afin d'éviter sa sévère réprimande.

Aussi, au point de vue du général T....., la défense de la patrie est un privilège auquel la population tout entière ne pourrait pas participer. Il s'indigne aussi que la Suisse ne grève pas son budget par des dépenses considérables, destinées à la construction des forteresses, et de ce que certains petits États n'enlèvent pas aux travaux productifs assez de millions de bras pour faire convenablement leur éducation militaire.

Eh bien, il faut prendre acte de la nouvelle vérité

proclamée par le général T.... Jusqu'à présent, tout le monde honorait et glorifiait les nations qui se passaient de grandes armées et qui pouvaient ne pas écraser leurs habitants par le budget de la guerre; mais aujourd'hui, d'après l'honorable général T...., il faut considérer cela comme un déshonneur. L'auteur a-t-il fait attention au fait évident pour tout le monde, que les pays les plus prospères sont ceux qui ont le plus mince budget de la guerre par rapport à leurs ressources?

Les principes du général T... sont tellement en contradiction avec toutes les idées contemporaines acquises par la vie antérieure de l'humanité et par la science, qu'involontairement on se pose cette question : À quelle époque vivons-nous donc? Les principes de l'auteur ne viennent-ils pas d'outre-tombe, par exemple, du général T... Tamerlan, chef d'une population composée de guerriers, qui devaient sacrifier à ce principe tous les autres intérêts et, par conséquent, être constamment tentés d'envahir les pays étrangers? Cependant, ce nouveau Tamerlan est un homme civilisé et versé dans l'art de la guerre, mais, néanmoins, ignorant tout le reste.

Sa principale préoccupation est de ne pas vouloir, en cas qu'il envahisse un pays étranger, avoir trop de soucis et être à tout moment sur ses gardes.

Il s'indigne qu'une population envahie puisse lui causer trop d'embarras; lui, comme général civilisé, il lui faut avoir ses aises; il désire surtout appliquer son art librement, c'est-à-dire que rien ne vienne l'empêcher de manœuvrer dans un pays étranger et d'approvisionner son armée suivant les dispositions qu'il calculera sur les cartes dans son cabinet. Autrement dit, le nouveau Tamerlan personnifie par ses principes le rêve du militarisme : élever la guerre à la hauteur et à l'agrément d'une poésie.

Les motifs que nous venons d'esquisser — quoique, comme homme civilisé, il ne les avoue pas — font que le général T... flétrit le mouvement patriotique, le soulèvement irrégulier du nom d'insurrection *qu'il faut toujours condamner sans distinguer par qui et contre qui ce moyen est employé.*

Les raisons que le général T... avoue et que ses adhérents avancent généralement pour justifier leur prétention et pour calmer la conscience des autres, qui se révoltent en présence de pareils principes dictés par l'esprit du militarisme, c'est que les mouvements patriotiques et les soulèvements irréguliers sont parfaitement impuissants devant le progrès immense qu'a faits dernièrement l'art de la guerre.

Soit! nous ne nierons nullement ce progrès protégé par les énormes ressources que les différents pays y sacrifient. Mais l'honorable général T... paraît ignorer l'histoire et ne sait pas bien ce qu'est la guerre populaire. Lui et ses adhérents ont parfaitement raison de taxer d'impuissance les masses irrégulières, mais par là, ils combattent non la guerre populaire, mais leur propre idée de guerre, qu'ils se sont représentée dans leur imagination.

Dans une guerre populaire, il n'y a pas de soulèvement général, mais chaque être humain, vieillard, femme ou enfant, chacun est ennemi déclaré des envahisseurs. Ceci oblige l'envahisseur à être à tout moment sur ses gardes, il n'a pas un instant de repos, il ne trouve pas d'abri, aucun chef des envahisseurs ne peut être certain de son approvisionnement, malgré les meilleures dispositions prises. Il ne rencontre partout que destruction des vivres ou d'autres ressources et arrêt dans les communications par devant et par derrière, en un mot, il voit le pays métamorphosé en ruines et ne rencontre plus qu'un désert. Tel est le caractère d'une vraie guerre populaire.

Nous sommes fermement convaincus qu'aucune armée, malgré toutes les perfections apportées dernièrement dans l'art de la guerre, ne pourra résister à une guerre véritablement populaire. C'est précisément cela qui doit déplaire au général T... Il lui serait certainement plus agréable et plus facile de pouvoir, en cas d'envahissement d'un pays, occuper les villes avec des détachements de dix ou vingt soldats. Mais c'est précisément avec cela que la conscience publique ne peut se réconcilier.

Qu'a rencontré l'empereur Napoléon en s'avançant dans l'intérieur de la Russie? — Des campagnes et des villes désertes et incendiées et tous les vivres et autres ressources du pays détruits. Il croyait pouvoir donner enfin du repos à son armée à Moscou. — Hélas! arrivé là, il se trouve obligé de camper dans les rues au milieu du feu et des cendres.

D'après les principes du général T..., le gouverneur de Moscou, *Rostopchine* ou un de ses remplaçants, aurait dû recevoir courtoisement l'empereur Napoléon et établir un ordre dans la ville de bien loger et bien nourrir l'armée ennemie, afin que l'ennemi pût imposer une paix humiliante à la Russie. Mais heureusement pour la Russie et l'Europe entière les principes du général T..., et de ses adhérents n'étaient pas légalisés à cette époque.

N'est-ce pas la guerre populaire, telle que nous la comprenons, telle qu'elle éclata de soi-même en Russie, n'est-ce pas cette guerre qui a donné à l'empereur Alexandre Ier le courage de faire cette réponse mémorable à l'empereur Napoléon, lorsque celui-ci après avoir eu la surprise de se trouver dans une capitale déserte et incendiée, avait proposé la paix.

— La guerre est finie! a dit Napoléon.

— La guerre commence! a répondu Alexandre, et il prononçait ces paroles n'ayant que 70,000 hommes de troupes pour défendre la Russie. N'est-ce pas cette guerre populaire qui a été la cause principale de destruction et d'expulsion de l'ennemi et qui permit à l'empereur Alexandre de libérer toute l'Europe et d'y rétablir l'ordre. On parle beaucoup du climat rigoureux de la Russie, comme une des principales causes de destruction de l'armée de Napoléon. Ce n'est pas tout à fait juste. Et même s'il en eût été ainsi, pourquoi Napoléon, au lieu d'entrer en campagne, n'est-il pas resté pour passer l'hiver à Moscou ou dans quelque autre endroit ? C'est qu'il lui manquait des vivres, des vêtements, des abris et des moyens de chauffage, en un mot, il lui manquait tout, à cause du désert produit par la guerre populaire, qui l'entourait et lui faisait voir dans chaque être humain du pays un ennemi acharné, toujours prêt à passer, si l'occasion se présentait et par tous les moyens possibles, de passif à l'état actif. Aussi, au moment de commencer la retraite, l'armée était déjà plus qu'à moitié détruite. Napoléon sortit de Moscou encore au commencement de l'automne, et avant le commencement des gelées son armée ne présentait que des débris de groupes indisciplinés, à cause des fatigues surhumaines auxquelles les troupes étaient forcées par la guerre populaire, qui les privait des choses les plus indispensables et du repos nécessaire.

Nous nous permettrons aussi de rappeler au général T... le nom de *Jean Soussanine*, croyant toujours que l'honorable général T... n'ignore pas complétement l'histoire universelle. Supposons que *Jean Soussanine*, après avoir amené l'ennemi à la perdition, et au lieu de payer son courage par sa vie, se fût heureusement évadé. Eh bien ! d'après les principes du général T... et de ses adhérents, les employés du pays, dont l'entrée au service des ennemis est considéré par le projet de Bruxelles comme un acte légal, ne seraient-ils pas obligés de poursuivre, d'arrêter ce *Soussanine* et de le livrer à l'ennemi pour qu'il le mit à la potence ? D'après le principe du général T..., *Soussanine* est un insurgé, un criminel, tandis que nous le considérions jusqu'à présent comme un grand héros qui, par son héroïsme, a sauvé la vie du prince et le pays, qui autrement eût été perdu par le tiraillement des différents partis, lesquels l'avaient déjà amené alors au bord de l'abîme.

M. le général T... a-t-il pensé que si le principe du mouvement patriotique était condamné, que cela, d'un côté, amènerait une démoralisation dans le pays et d'un autre — produirait une révolte dans des millions de consciences ? Pense-t-il que les règlements sont plus forts que les vérités suprêmes auxquelles est subordonnée la conscience humaine ?

Il y a décidément de quoi s'effrayer en voyant les égarements auxquels conduit le militarisme, qui gagne d'étendue dans les esprits, esclaves du succès du moment.

Comment concevoir, en effet, qu'en plein XIX* siècle, se trouve un auteur qui soutienne les principes que nous avons indiqués, que ces principes trouvent des adhérents et des journaux qui leur rendent hommage ?

Les grandes armées, les gros budgets écrasants des ministères de la guerre sont généralement consi-

dérés comme une malheureuse nécessité découlant
de la situation de l'époque, mais s'indigner et flétrir
les nations qui peuvent s'en passer, ceci ne peut
s'expliquer que par l'égarement et par les vues excessi-
vement bornées ou faussées de l'esprit du militarisme
exclusif.

Et ce qui est encore le plus triste à voir, c'est qu'on
foule aux pieds les idées vraies, acquises par l'humanité, reconnues par les grands penseurs, les hommes
compétents en matière sur la question, les autorités
incontestables et qu'on nie ces vérités avec une cer-
taine impudence.

Il paraît que le monde se trouve au point de reconnaître que le *nihilisme*, qui se caractérise principale-
ment par la négation impudente sans analyse de toutes
les grandes idées acquises antérieurement, que ce flot,
en traversant l'Europe par un courant, a laissé des
traces marquantes dans toutes les classes de la société.

M. le général T... s'est-il rendu compte qu'il
est fortement pénétré de l'esprit de nihilisme? Assuré-
ment, il serait bien surpris d'entendre ces paroles, et
cependant elles sont vraies.

En effet, nier la vérité incontestable, reconnue par
tout le monde, que les grandes armées, les gros budgets
ruinent les nations, nier cette vérité sans analyse, sans
avoir pesé mûrement le *pour* et le *contre*, nier sans avoir
étudié et porté son attention sur tout ce qui était acquis
antérieurement à ce sujet, nier surtout avec impudence

et flétrir sévèrement les nations qui résistent pour suivre une route qui peut ruiner leur prospérité, cela n'a-t-il pas l'air du vrai nihilisme?

À propos du sujet que nous traitons, nous citerons un épisode très-caractéristique :

Au congrès des sciences internationales, réuni à Berne, en 1865, dans la dernière séance générale, a été débattue la question de la défense nationale. Les hommes sérieux et compétents : anciens ministres de la guerre de la Confédération suisse, les officiers de l'état-major des autres pays et ensuite les célébrités oratoires de l'Europe et des écrivains distingués, ont pris part aux débats.

Après quatre ou cinq discours prononcés contre les grandes armées permanentes, le président de l'assemblée a demandé l'autorisation de ne pas suivre, dans l'appel des orateurs, l'ordre de leur inscription, mais d'alterner les orateurs désirant parler *pour* et *contre*. Il va sans dire que l'assemblée s'est empressée d'approuver la proposition du président.

Immédiatement après cela, le président appelle un orateur qui voudrait défendre les grandes armées permanentes, — silence! — Il répète son invitation, élevant haut la voix, croyant qu'il n'ait pas été bien entendu de l'auditoire, — morne silence! — Quelques instants se passent et l'église, où siégeait l'assemblée, s'ébranle par une salve d'applaudissements spontanés. Eh bien! dans une assemblée de 800 personnes à peu près, composée d'hommes sérieux, d'hommes de sciences, d'hommes d'affaires, parmi lesquels se trouvaient des militaires, — par conséquent des personnes compétentes dans la question, — il ne s'en est pas trouvé une seule qui osât se risquer d'aborder la tribune pour défendre ce qui n'est pas défendable, mais ce qu'on subit certainement comme une nécessité malheureuse. C'est un avis au général T... Nous ne demandons pas autre chose, qu'un peu plus de convenance envers les vérités acquises.

VALÉRIEN DE PANAIEFF.

Saint-Pétersbourg, 2 avril 1875.